Marchal

de Charles-le-Téméraire, son fils, et de Philippe-le-Beau, son arrière-petit-fils, qui fut roi d'Espagne. Les armures complètes de Charles-Quint, son autre descendant qui étendit sur les deux hémisphères terrestres, la gloire du nom flamand (celui de belge n'était pas alors vulgaire) ; les armures des deux don Juan d'Autriche, l'un frère du roi Philippe II, l'autre de Philippe IV ; les armures du Cardinal-Infant et des archiducs Mathias, Ernest et Albert, de l'empereur Rodolphe II, frère de ces trois derniers ; des objets qui avaient appartenu à l'infante Isabelle, etc., etc. L'étendard royal de France et la rondache qui furent pris à la bataille de Pavie, avec la personne du roi François Ier, deux autres étendards pris à la bataille de Landen en 1693, les banderolles, les insignes et d'autres décors de l'ordre de la Toison d'or, fondé et rétabli à Bruges, en 1430 et en 1478; enfin un grand nombre d'épées, de lances, de boucliers, d'étendards et d'autres monuments de nos victoires nationales sous la domination de la maison d'Autriche. Tous ces objets militaires, débris d'un musée immense, que l'on comparaît à celui de la Tour de Londres, étaient placés dans un pavillon actuellement démoli, au fond du jardin actuel du palais du Roi, et qui portait le nom de Chambre héraldique, parce qu'elle renfermait les bureaux du roi d'armes, dit *Toison d'or*.

Je me souviens parfaitement que presque tous ces objets furent transportés en Allemagne, au delà du Rhin, à l'époque de l'évacuation des Pays-Bas autrichiens, après la bataille de Fleurus, le 26 juin 1794, et j'ajouterai qu'on n'a pas fait assez d'attention dans les annales de l'histoire, à la belle retraite des Autrichiens, parmi lesquels se trouvaient nos troupes nationales qui, malgré la perte de cette grande bataille, se retirèrent de positions en positions, sur des hauteurs, ne cédèrent que pied à pied le terrain aux deux armées de la république française, l'une arrivant par Charleroy et l'autre par Gand ; elles ne purent opérer leur jonction à Bruxelles que le 11 juillet. Tout le matériel de l'armée autrichienne fut sauvé.

J'ai revu la plupart des objets de ce musée militaire, en 1809, au *Ritters-Schloss*, ou château de chevalerie, qui est l'un des pavillons du palais impérial de Laxembourg, près de Vienne. Je les ai parfaitement reconnus, et comme à cette époque la Belgique faisait partie intégrante de la France, je les ai signalés à M. Denon, qui était chargé de recueillir les monuments que Napoléon faisait transporter à Paris, et qui daignait m'honorer de son amitié ; j'en informai aussi plusieurs de nos amis, nés belges comme moi et alors Français. Nous regrettions que ces objets fussent aussi loin de la patrie.

Le gouvernement autrichien, en 1794, n'avait laissé à Bruxelles que des pièces militaires qui ne pouvaient offrir que peu d'intérêt à la rapacité des représentants du peuple français, qui étaient chargés de spolier la Belgique ; ils firent enlever presque tous les manuscrits de la bibliothèque royale de Bourgogne. Parmi les objets délaissés, il y avait les magnifiques couvertures de fer damasquiné du cheval de Charles-Quint, le cheval andalou, empaillé et d'un pelage totalement blanc, qui avait appartenu à l'infante Isabelle, le cheval transylvain que l'archiduc Albert montait au siége d'Ostende, en 1602, et qui fut blessé au poitrail par une balle. Une inscription contemporaine qui existe encore et qui fut publiée plusieurs fois au XVIIme et au XVIIIme siècle, démontre cet événement et le courage de l'archiduc, au moment où son cheval fut blessé.

Il y avait dans ce musée militaire, j'en parle avec la plus

grande certitude, les ayant vus un grand nombre de fois, avant le mois de juin 1794, quelques trophées américains envoyés à Charles-Quint par Cortès, après la conquête du Mexique. On y remarquait les armures complètes de Montezuma, ou selon la vraie prononciation Mocteusuma, et de sa famille; elles étaient aussi en 1809 au *Ritters-Schloss* à Laxembourg. On en retrouve l'indication dans la vieille liste, cotée 19030, mentionnée ci-dessus et par ces mots : « Quatre pièces d'armes à l'indienne, à l'épreuve des flè- » ches empoisonnées, » etc., etc. Un carquois de bambou et des flèches qui sont encore à Bruxelles, proviennent de ces armures.

Il ne se trouvait point dans ce musée de monuments de la conquête du Pérou; cela s'explique aisément. Pizarre, le conquérant de l'empire des Incas, était un homme grossier et illettré; Cortez, vainqueur de Montézuma, était un savant capitaine.

Mais dans les premières années du siècle actuel, M. Serruys, notre compatriote, a rapporté du Pérou trois momies qui sont en ce moment au musée d'histoire naturelle de Bruxelles; elles peuvent être considérées comme un appendice à l'ancien musée, formé sous le règne de Charles-Quint. Ces momies sont embaumées et recouvertes d'antiques étoffes péruviennes, l'une est un homme, l'autre une femme, la troisième momie, placée entre les précédentes au musée, est un enfant de 12 à 15 ans.

La conformation physique de la tête est évidemment de la race sud-américaine, car les maxillaires et la convexité du crâne sont très-comprimées aux deux parties latérales. On sait que les sud-Américains cherchent à aplatir la face de leurs enfants pour leur donner de la ressemblance avec la race caucasique de leurs vainqueurs.

Ces momies proviennent de la province de Junin, dans le Bas-Pérou, elles sont par conséquent de la nation des Quetchuas, dont les chefs furent les Incas, qui étendirent leur domination sur la nation des Aymaras. En effet, il y a deux nations qui sont distinctes au Pérou, comme les Wallons et les Flamands en Belgique, par le langage, et qui formèrent, longtemps avant la conquête espagnole, un seul et vaste empire.

Si l'on doutait de l'authenticité de provenance de ces trois momies, à peine connues du public avant la présente description, on peut s'en assurer, Messieurs, par la ressemblance la plus frappante avec les dessins d'antiques momies aymaras; *momias de los antiguos Aymaras*, qui viennent d'être gravées dans la collection de voyages, intitulée : l'*Univers pittoresque.* Paris, Didot, 1843, dont un volume concernant le Pérou, est publié par M. Fréd. De la Croix.

Les Péruviens connaissaient l'art de l'embaumement, ce qui est constaté par le texte du livre V, chapitre XXIX, de l'ouvrage de l'Inca Garcilasso, dont nous parlerons plus amplement. Mais cet art, quoiqu'analogue à celui des Égyptiens, était d'une application toute différente, ce qui prouve qu'il n'y avait aucune connexion entre les Égyptiens et les Péruviens. Les momies égyptiennes sont droites et emmaillottées, celles du Pérou sont nues et accroupies; les mains sont placées sur les épaules, sans que les bras soient croisés : elles ne sont que recouvertes d'étoffes et non habillées. On assure que la nature du sol est la cause principale de leur conservation.

Un heureux hasard vient de faire constater de nouveau leur provenance, ainsi que l'existence des *Quetchuas* et des *Aymaras*, analogues aux Wallons et aux Flamands, sous un seul prince ; j'y ajoute des détails archéologiques. Nous vous prions, Messieurs, d'écouter avec indulgence ces détails que je vais donner sur ces objets : c'est le résultat de quelques lettres en langue espagnole avec des explications verbales, provenant de mes relations et de mes conversations avec Don Vincent Pazos, Bolivien, né et domicilié parmi les *Aymaras*, parlant et écrivant vulgairement leur langue. Il est en ce moment consul-général de Bolivie à Londres ; pendant ces jours-ci il est en voyage à Bruxelles.

Nous dirons d'abord que le Pérou est actuellement divisé en trois républiques ; l'Équateur, le Pérou proprement dit et la Bolivie.

M. Pazos m'a fait connaître deux de ses ouvrages qui sont imprimés. L'un est un recueil de lettres sur l'Amérique du Sud. La traduction anglaise en a été publiée en 1819, à New-York, sous le titre de : *Letters on the united provinces of South-America, adressed to the Hon. Henry Clay, speaker of the house of representatives of the United States.*

C'est le même M. Clay qui était, pendant le mois de novembre dernier, porté à la candidature de la présidence des États-Unis.

L'autre ouvrage de M. Pazos est écrit en français ; c'est un projet ou prospectus d'une navigation à la vapeur sur la rivière des Amazones et ses affluents, pour la communication directe de l'Europe à la Bolivie, en traversant l'Amérique du Sud tout entière, et en évitant le long et pénible détour du cap Horn.

La partie soit politique, soit commerciale de ces deux ouvrages, et les propositions avec les avances des Boliviens pour établir une ligne régulière de navires à vapeur entre les deux hémisphères, ne concernent pas l'académie, mais comme le savant La Condamine de l'académie des sciences de Paris a parcouru, il y a précisément cent ans, en 1743, la route tout entière proposée par les Boliviens, je m'appuierai, pour la partie archéologique, du texte de l'*Éloge du cardinal de Fleury*, prononcé vers ce même temps à l'académie des inscriptions. Ce ministre avait envoyé La Condamine au Pérou, et je dirai, avec son panégyriste : « j'écarte tous les détails politiques, j'ai cru devoir choisir » seulement ce qui concerne les sciences et les lettres. » (*Mém. acad. inscrip.*, XVI, 565.)

En effet, on trouve dans le prospectus de Don Pazos, plusieurs renseignements historiques, géographiques et archéologiques ; mais ils ne sont pas assez détaillés, je vais donc transmettre leur développement pour l'amélioration de la philologie.

Je m'appuie d'abord sur le passage qui va suivre, des voyages récents de M. D'Orbigny dans les deux Amériques. Il dit : « Après une navigation qui ne m'offrait rien de » remarquable, dans la mer du Sud, j'abordai enfin cette » terre si célèbre par les antiques souvenirs de son his-» toire, par ses arts, ses sciences, son gouvernement, son » culte, ses monuments et surtout par le malheur de ses » habitants, à qui leur défaite même assure la sympathie » de tous les peuples, quand leurs vainqueurs n'ont recueilli » que honte et exécration de leur facile triomphe, où l'hu-» manité eut tant de fois à gémir. J'étais au pays de l'or, » au Pérou. »

En effet, on sait à quel haut degré la civilisation s'était élevée au Pérou et dans d'autres contrées de l'Amérique du Sud avant l'arrivée de Pizarre et de ses cruels compagnons, au second quart du XVI° siècle de notre ère. Un des descendants des derniers Incas en a laissé le souvenir, quelques années après la conquête espagnole, par l'ouvrage intitulé : *le Commentaire royal.* Cet Inca, appelé *Garcilasso de la Vega,* était devenu chrétien, sous la protection du roi d'Espagne; c'est un témoin irrécusable. Son ouvrage, écrit en espagnol, fut traduit en français et publié à Paris en 1633, avec un grand succès.

Les annales des Incas du Pérou présentent, sous le rapport de l'humanité, une supériorité incontestable sur l'histoire des Astèques ou Mexicains. La civilisation et ses progrès servent toujours de direction au souverain du Pérou, tandis que l'ambition des conquêtes militaires et des trophées était la base de l'autorité suprême au Mexique; de là les haines de la république de Tlascala, dont les troupes furent auxiliaires de Cortès pour se venger de leur humiliation, tandis que Pizarre n'a trouvé aucun peuple ennemi des Péruviens. « La religion des Mexicains, dit
» Robertson (*Hist. Amérique.* IV, 80), était réduite à un
» système régulier, et tenait une place considérable dans
» leurs institutions politiques; elle contribua à former le
» caractère particulier du peuple. Mais dans le Pérou, dont
» le système du gouvernement civil était fondé sur la re-
» ligion, l'Inca prit tout à la fois le titre de législateur et
» de messager du ciel. » Voici la preuve de la vérité de ce parallèle de Robertson :

Les Incas, selon l'information qui m'a été transmise par M. Pazos, avaient une coutume constante pour l'accroissement de leur empire. Avant d'entrer en relations avec une nation, ils envoyaient quelques personnes qui étaient chargées de faire connaître leurs intentions bienfaisantes et l'avantage d'améliorer la civilisation, pour l'utilité réciproque des sujets de l'Empire et des sujets étrangers, chez lesquels ces personnes étaient envoyées.

Ils se contentaient d'une alliance confédérée; il n'employaient la force des armes que s'ils éprouvaient une résistance déraisonnable.

Cette tradition est vulgairement répandue encore actuellement dans les trois républiques péruviennes; elle est conforme au texte du Commentaire royal de l'*Inca Garcilasso*, car on lit, page 472 : « Que les provinces fron-
» tières, ayant eu de véritables avis des grands biens que
» faisait le sixième Inca régnant, appelé Roca, s'étaient
» soumises à son empire, de bon gré, pour passer sous la
» douceur de son gouvernement. » On lit aussi page 428
que les Incas envoyaient coloniser plusieurs provinces en dehors de leur empire.

Toutes ces remarques sont importantes, parce que, selon le dire général des habitants de l'Amérique du Sud, vivant à l'européenne, une erreur historique doit être rectifiée. On raconte en Europe que ce sont les jésuites missionnaires qui inventèrent le système de gouvernement paternel du Paraguay, limitrophe du Pérou. Robertson, dans son histoire de l'Amérique, et après lui Raynal, dans l'*Histoire philosophique et politique de l'établissement des Européens dans les deux Indes*, en donnent des détails :
« Les jésuites chargés des missions du Pérou (Raynal, IV,
» 122, in-4°), instruits de la manière dont les Incas gou-
» vernaient leur empire et faisaient leurs conquêtes, les
» ont pris pour modèle. » Les Incas s'armaient de patience.

Ainsi donc au Paraguay et au Pérou, l'on sait que les missionnaires des jésuites, beaucoup plus modernes que les autres missionnaires, à la fin du XVI⁰ siècle seulement, n'ont fait qu'adapter sur le territoire Argentin actuel, les coutumes non encore entièrement oubliées des Incas, pour remédier, par des moyens de douceur, aux horreurs d'une conquête projetée et exécutée par les Pizarre, les Almagro, et les Carvajal, avec une violence qui fut toujours désapprouvée par le cabinet de Charles-Quint et de Philippe II, en leur qualité de rois d'Espagne. Ainsi les missions du Paraguay étaient à l'instar du régime des Incas péruviens. L'honneur d'avoir continué, remis en pratique et préservé de la désuétude ce beau système, n'est-il pas égal à l'honneur de son invention ?

Remarquons aussi que deux ordres mendiants, les Dominicains et les Franciscains, y précédèrent pendant un grand nombre d'années la compagnie de Jésus. La conquête du Pérou, commencée en 1525, était achevée en 1535 et la paix fut rétablie par le président Gasca en 1546, après les tempêtes des discordes entre les conquérants, et après que ces aventuriers espagnols, semblables à des loups dévorants, eurent poursuivi les malheureux Péruviens et se furent refusé un moment de reconnaître l'autorité suprême du conseil de Madrid. La compagnie de Jésus, approuvée par une bulle papale de Jules III, le 27 septembre 1540, ne fut réellement confirmée dans son institution qu'en 1543, et les missions jésuitiques commencèrent plusieurs années plus tard en Amérique. Les ordres mendiants, dit M. Rang, professeur de Berlin, dont le témoignage favorable est d'autant plus recevable ici qu'il est de la communion luthérienne, « ces ordres, dit-il, commencèrent
» à propager avec succès le christianisme en Amérique.
» La conquête, ajoute-t-il, s'était transformée en mis-
» sions et les missions étaient devenues civilisatrices. Les
» frères de ces ordres enseignèrent en même temps à en-
» semencer les terres, à faire les récoltes, à planter les
» arbres, à bâtir les maisons, à lire et à écrire ; la recon-
» naissance de tant de bienfaits ne leur manquait pas,

» les Indiens éprouvaient pour eux la vénération la plus
» entière et le dévouement le plus profond ! »

Je ferai remarquer que pour faciliter et faire fructifier les missions des Dominicains, des Franciscains et plus tard des Jésuites, en Amérique, le roi d'Espagne Philippe II fit imprimer à Anvers dans l'*officina plantiniana*, alors au comble de sa splendeur, les missels, les antiphonaires et les livres classiques, historiques et pieux que M. le consul général Pazos assure être encore répandus en grand nombre dans les églises, les monastères et les bibliothèques de l'Amérique du Sud. On ne doit donc pas s'étonner de l'immense mouvement des presses typographiques de Christophe Plantin et des Moretus, ses successeurs.

M. Pazos rectifie dans ses lettres, publiées en 1819, comme on l'a dit ci-dessus, une autre erreur que, sur le dire des Espagnols établis au Pérou, M. De Humboldt a publiée dans son immortel ouvrage. Si le hasard avait procuré à M. De Humboldt le témoignage des créoles, il aurait écrit autrement. *Baron of Humboldt*, dit M. Pazos, *is incorrected in his biographical notice on Tupac Amaru, having listened to the vulgar tales of the Spaniards which he heard at Lima.* M. le consul général dit plus loin : *Dean Funes, in his history of Buenos Ayres, has correctly related the history of this revolution.*

Ce fut en 1780 que cette insurrection générale des Indiens du Pérou commença ; il me semble, si je puis risquer une conjecture, que la guerre de l'indépendance des États-Unis lui avait servi d'encouragement ; en effet, si le parlement de la Grande-Bretagne avait établi à Boston, des impôts insupportables aux Américains du Nord, les fonctionnaires Espagnols avaient voulu surcharger les Péruviens par les taxes fiscales appelées *repartimientos*. On forçait les malheureux Indiens d'acheter une quantité fixée d'objets de fabrication européenne, qui leur étaient totalement inutiles, tels que des cartes à jouer (*playing carts*), des lunettes (*spectacles*), *cambriks* (des aunages), *needls* (des aiguilles) et d'autres objets qui ne leur étaient d'aucun usage quelconque.

En raison du témoignage prépondérant de M. De Humboldt, qui a rendu de si importants services aux sciences, le gouvernement de Buénos-Ayres a fait publier récemment, par M. Angellis, napolitain, antérieurement attaché au roi Joachim Murat, tous les documents officiels qui constatent les progrès justement démontrés de l'insurrection de Tupac Amaru, appelé en espagnol Don José Gabriel Condorcanqui, fils du cacique de Tungasuca, élevé à Lima.

Malheureusement la haine de Tupac Amaru envers les Espagnols naturalisés, l'empêcha d'attirer à la cause de l'indépendance les Européens établis au Pérou, et qui étaient investis de tous les moyens de réussite. Tupac Amaru parvint cependant à se faire couronner du bandeau royal des Incas, dans la ville capitale de Cusco; mais ses succès ne furent qu'éphémères, les Européens ayant de meilleures armes à feu que les Indiens, remportèrent plusieurs victoires. Tupac Amaru, fait prisonnier, périt dans les plus atroces supplices comme au siècle de Pizarre. Sa mort fut vengée par un reste d'insurgés, qui assiégèrent la ville de Sorata, près de la grande ville de la Paz, dans la Bolivie actuelle. Ayant détruit les fortifications construites de terre, en y faisant couler un torrent des Cordillères, ils pénétrèrent dans la place; plus de 20,000 personnes tombèrent sous le couteau des Indiens, qui eux-mêmes furent massacrés plus tard par les troupes espagnoles.

En 1789 il y eut une autre insurrection, mais elle fut bientôt comprimée.

Que Robertson, écrivant il y a près d'un siècle, ne se soit point douté qu'un jour l'Amérique espagnole se fût déclarée indépendante, cela s'explique, parce que les vieilles institutions européennes n'étaient pas encore attaquées; mais que Raynal, le témoin et l'admirateur de l'insurrection de la Nouvelle-Angleterre, ait seulement considéré, d'après Robertson, les invasions et les conquêtes probables des Anglais et des Hollandais dans le Pérou, à cause de la prépondérance de leur marine, que Raynal ne forme aucun vœu pour l'indépendance péruvienne, cela ne peut s'expliquer, si ce n'est qu'en considérant que Raynal, décédé en 1796, ne pouvait prophétiser le feu électrique de la France napoléonienne, dont le contre-coup devait embraser l'Amérique espagnole, pour faire surgir l'indépendance : *Exoriare aliquis nostris ex ossibus ultor.*

L'ère de la véritable indépendance péruvienne ne commence que trente ans après l'insurrection de Tupac Amaru.

Les premiers succès des indépendants péruviens furent célébrés le 25 mars 1811, sur les ruines d'un des palais de l'Inca Mayta Capac à Tiaguanaco : « *Singing hymns to their country and to liberty* (Lettre IV, p. 45 de M. Pazos). « Les pompeuses descriptions que nous ont laissées de ces édifices, les écrivains espagnols, » dit M. De la Croix (*Univers pittoresque,* pag. 393) « passeraient pour des mensonges » ou tout au moins pour des exagérations, si des ruines » grandioses et encore parfaitement conservées, ne certi-» fiaient aux yeux des observateurs modernes la véracité » de ces récits. »

Le village de Tiaguanaco est à 14 lieues au sud de la ville de la Paz, dont nous venons de parler, au 16°36′ de latitude australe et non au 17° 05″, comme on le dit vulgairement.

L'étymologie de ce mot signifie dans la langue péruvienne : « repose-toi, guanaco ». Ces mots furent dits par un Inca à un courrier qui venait de parcourir une route avec une étonnante rapidité, comme les hémérodromes athéniens, et comme c'est encore actuellement en usage, selon que nous l'apprenons par le voyage de M. D'Orbigny, dans une contrée de défilés, sur les versants des montagnes, le chemin y étant souvent un simple cordon, presque impraticable aux chevaux et aux mulets. Il faut remarquer que le *guanaco* est le lama (Cuvier, Camelus, Llama de Linnée, *Regn. anim.*, 1-259), qui marche avec la vitesse du daim des Alpes. Le *guanaco* fournit une laine aussi fine que celle de la vigogne, plus belle que celle de paco ; c'était la seule bête de somme du Pérou quand les Espagnols en firent la conquête ; l'industrie péruvienne avait fait en cela plus de progrès que l'industrie mexicaine, qui n'employait que des hommes pour porteurs.

A peu de distance de Tiaguanaco, il y a des ruines colossales antiques, entre autres une pyramide et une statue ; elles sont monolithes. Les voyageurs ont dit qu'elles sont couvertes de dessins ; ils ont négligé de faire connaître qu'il s'y trouve des caractères écrits que l'on compare aux hiéroglyphes égyptiens, et qui appartiennent à la langue de la nation des Aymaras ; ces monuments sont antérieurs à la conquête du pays par les Incas de la nation Quetchuas.

Ces signes de la pensée par des mots, écrits en ancien aymaras, ne sont pas dans la langue des Incas. Nous avons ci-dessus comparé les Aymaras et les Quetchuas aux Flamands et aux Wallons. Les anciens Aymaras connaissaient l'art d'écrire, parce qu'ils ont conservé dans leur langue, qui s'est transmise vulgairement jusqu'à présent, le mot *kelkaña*, qui signifie écriture, et d'autres mots pour les expressions : écrivain, auteur, écrire, acte écrit, etc., etc. Ces expressions n'ont aucun rapport étymologique avec les autres langues d'Amérique ou avec la langue des Espagnols.

Cette remarque est d'autant plus importante que la nation des Quetchuas, dont les chefs étaient les Incas, ne faisait point usage de caractères tracés comme les *kelkaña*, mais de *quipos* ou nœuds de cordons de différentes couleurs. On l'apprend par le récit de l'Incas Garcilasso, car dans une notice sérieuse, on doit s'abstenir de citer les lettres péruviennes de Mme de Grafigny, et le mélodrame en forme d'épopée philosophique des Incas, de Marmontel.

Il y avait des écoles publiques pour enseigner l'art d'écrire par des *quipos*. Le professeur principal était appelé *quipo camayos*. Nous parlerons plus loin du territoire respectif des deux langues péruviennes.

Nous ne dirons rien des monuments construits par les Incas, qui sont décrits dans les livres des voyageurs modernes, et résumés dans le texte que MM. Didot ont édité en 1843. Mais nous ferons remarquer que fort loin à l'est, hors des frontières de l'ancien Pérou, vers la route de la rivière de Huallago, qui se jette dans le fleuve des Amazones, il y a les mausolés et les pyramides de Chachapoyas, qui portent un caractère de vétusté analogue aux pyramides d'Égypte, et qui furent inconnus des Incas, parce que ceux-ci n'ont point poussé leurs conquêtes aussi loin.

Il y a soixante ans seulement, que ces ruines furent découvertes par les missionnaires qui étaient partis du Pérou et s'étaient dirigés vers le fleuve des Amazones, espérant encore, malgré les lumières de la fin du XVIIIme siècle, découvrir la contrée chimérique d'El Dorado. Cet El Dorado, dont le souvenir s'était conservé dans la plus haute antiquité américaine, n'est-il pas une idée analogue aux trésors qu'actuellement, dans l'ancien monde patriarcal, les Arabes s'imaginent exister sous les ruines des monuments des anciens temples et palais d'Égypte et d'Assyrie.

Les missionnaires ont trouvé, dans les déserts de l'Amazone, plusieurs autres ruines qui ont l'aspect de grandes colonnades. Tout porte à croire, d'après leurs récits, que ce sont les restes des constructions bâties par un peuple hautement civilisé, mais dont il n'existe plus les moindres traces. L'espèce humaine y a même disparu, ce ne sont que d'immenses solitudes.

Revenons à l'intérieur de la Bolivie. Au sud de Tiaguanaco se trouve un village indien (*pueblo* en espagnol) appelé Ancoraimes. M. Pazos m'a assuré qu'il y a aux environs un antique souterrain creusé par la main de l'homme, avec un talent qui démontre des connaissances en métallurgie. Ce souterrain abandonné a été récemment découvert; c'est une mine de fer. Ce métal, comme chacun le sait, était inconnu à la civilisation des Incas; l'antiquité de ces travaux métallurgiques doit donc y être antérieure à leur empire et aux souvenirs rappelés dans leurs annales.

Une anecdote nous démontre que le fer leur était bien réellement inconnu, parce que plusieurs années après la conquête par les Espagnols, Gonzales Pizarre, frère de Fernand Pizarre, chef des conquérants, étant gouverneur de la province de Quito, résolut de faire découvrir les terres orientales. Les Espagnols, conduits par Orellana, arrivèrent alors au bord du fleuve des Amazones; il fallut construire un canot ; il n'y avait point de fer dans la province, on fit forger les fers des chevaux morts, pour en fabriquer des cloux et d'autres objets de fabrication nautique.

Il faut ajouter qu'aucun des instruments et des ustensiles des Péruviens, du temps de la domination des Incas, n'était fabriqué avec de l'or, mais avec un amalgame dans lequel le cuivre domine, sans aucun indice de fer. L'analyse chimique en a été faite, car ces instruments ne sont pas rares au Pérou, il y en a même en Europe au *British Museum*.

« Le musée de Lima, dit M. Falbe (*Mémoire des anti-*
» *quaires du Nord*. Copenhague, 1840 à 1844, p. 157),
» contient un grand nombre de pots, de marmites, de
» coupes, représentant les formes humaines et animales
» les plus bizarres, dans lesquelles on reconnaît l'analogie
» avec les antiquités mexicaines. L'ouvrage sur le Japon
» de M. De Siebold, est riche en ustensiles dont les formes
» se rapprochent de nos petits vases péruviens. »

Cette remarque sur la substance de ces ustensiles, est d'autant plus nécessaire, qu'elle sert à démontrer l'exagération des écrivains espagnols du XVIe siècle, qui publièrent la première relation de la conquête du Pérou. Quand on songe au petit nombre des conquérants et des lingots envoyés à Charles-Quint et à Philippe II, l'on reconnaîtra bientôt que l'or, quoique la valeur s'en élevât à des sommes considérables, n'était pas aussi abondant qu'on se l'est imaginé.

Le lac Titicaca, c'est-à-dire de la montagne métallifère et non de la montagne de plomb, comme le traduisent les voyageurs européens, sépare la Bolivie et le Pérou actuel. Cette Méditerranée, selon M. d'Orbigny, ou peut-être cette mer Caspienne du nouveau monde, s'étend du 14e au 16e degré de latitude sud. Sa circonférence ovoïde allongée est de 80 lieues ou 240 milles anglais, sans les anses et les baies. Ce lac est au sommet d'un immense plateau dont descendent les deux versants des Cordillères. Selon une tradition vulgaire, il a été formé par un affaissement analogue à celui du lac Asphaltide dans la Palestine, dont la Genèse a conservé le souvenir. Est-ce le cratère éteint d'un immense cône ellipsoïde tronqué, ce qui se démontre par les détroits du lac? Le Chimboraço ne serait-il qu'une colline en comparaison de ce cône, qui aurait eu une cime dans les cieux, au siècle des mastodontes, des mammouts et d'autres animaux gigantesques? Je l'ignore.

Sans entrer en discussion sur ce fait géologique, je dois ajouter que le frère de M. Pazos, qui est prêtre sur les rives de ce lac, a donné à M. d'Orbigny les ossements d'un mastodonte trouvé sous les eaux, et l'on retire souvent de dessous ce lac d'autres objets géologiques. Le savant géographe Peutland en a dessiné la carte hydraugraphique.

Il y a dans ce lac, à un mille anglais du rivage, une grande île de trois lieues de longueur, qui est couverte des ruines de monuments de la gloire des Incas.

Le lac est entouré par la nation des Aymaras, dont la langue, comme je l'ai dit, est encore vulgaire, tellement qu'on s'en sert pour les relations journalières, tant verbales qu'écrites, dans l'intérieur des familles non-seulement indiennes, mais d'origine européenne, ainsi que dans la ville bolivienne de la Paz, à l'est du lac, principal entrepôt commercial de cette contrée, et dans la grande ville péruvienne de Puno, à l'occident de ce même lac.

Le langage des Quetchuas, vulgaire de l'autre côté du lac, jusque sur le rivage de la mer du Sud et jusqu'à l'équateur, était, comme on l'a dit, celui des Incas. Leurs poëtes, selon Garcilasso, étaient appelés *arabicos*, et leurs savants *amauthas*. Ce langage, qui fut celui du gouvernement de leur dynastie, fut propagé par leurs ordres dans tout l'empire. Afin que l'administration générale eût une langue uniforme, ils établirent des écoles, mais selon Garcilasso, l'enseignement linguistique était uniquement verbal. Ainsi les idées d'uniformité du langage administratif n'appartiennent pas exclusivement aux anciens Romains ni à l'empire français moderne, ni à notre union avec la Hollande.

M. Pazos démontre, dans une des lettres qu'il m'a adressées, que la propagation de la langue quetchuas des Incas s'étendit fort loin, car ils envoyèrent de Cusco et de Quito, près de l'équateur, une colonie en la localité actuellement appelée Santiago de l'Estero, qui est au milieu de l'immense péninsule de l'Amérique du sud, sur le territoire actuel de Rio de la Plata, au vingt-huitième degré de latitude australe. La langue quetchuas y est encore vulgaire en ce moment, dans un oasis linguistique, s'il m'est permis d'employer cette expression, c'est-à-dire au milieu de nations qui parlent d'autres langues.

On sait, par tradition, que les Incas envoyèrent de cette colonie une expédition pour conquérir le Chili.

Sous le gouvernement espagnol, entre autres en 1614, ou imprima dans la ville de Lima des grammaires et des vocabulaires quetchuas; il y en a, dit-on, des exemplaires à la bibliothèque royale de Paris. Il y a actuellement une typographie quetchuas à Cusco; on y imprime les traductions officielles des actes du gouvernement, qui continue à faire usage de la langue espagnole, au milieu des Quetchuas et des Aymaras, dans les trois républiques.

Je signale ce fait, qui sera peut-être utile à nos savants

régnicoles, depuis que la science de la linguistique commencée par M. Court de Gebelin, a été poussée à un degré très-élevé de perfection par M. Bopp et son école, et par notre compatriote M. l'abbé Chavée. Ces deux derniers ont comparé le sanscrit avec l'hébreu, le grec, le latin, le tudesque, le gaulois et d'autres langues depuis le Gange jusqu'en Irlande. J'ignore la corrélation qui existe entre le travail de cette école, concernant l'ancien continent et les travaux à faire dans l'hémisphère occidental, d'après les lumières actuelles du milieu du XIXme siècle.

La république de Bolivie, dans laquelle existe la langue aymaras, d'un perfectionnement antérieur au quetchuas, se sert officiellement de la langue espagnole pour son gouvernement, lequel se divise en plusieurs départements. La politique étant étrangère à la présente notice, je dirai cependant que tous les régnicoles, sans aucune exception, sont reconnus pour citoyens égaux en droit, quelle que soit leur origine, américaine, européenne ou africaine.

L'indépendance définitive de la Bolivie fut proclamée au mois d'août 1825, dans la ville de Chuquisaca. Son territoire formé du haut Pérou, prit le nom du général Bolivar, son libérateur, qui était accouru de la Colombie. La république vota le don d'un million de dollars qui lui fut offert; il ne l'accepta que pour l'employer au rachat d'environ 1000 esclaves nègres, qui étaient les restes de l'antique esclavage.

Le nom de Chuquisaca signifie *pont de bois*, et fut donné au temps des Incas : cette ville est au 20° degré de latitude australe et au 65° de longitude de Greenwich; j'ignore les minutes. Elle est peuplée de 40 à 50,000 habitants. Il y a sur le territoire bolivien les fameuses mines du Potosi.

Parmi les autres villes, celle de la Paz, sur le lac de Titicaca, est le grand comptoir du commerce de la nation tout
entière ; c'est là que se traitent toutes les affaires princi-
pales. Il y a aussi la ville de Sicasica, sur le versant méri-
dional du plateau, dont le sommet est recouvert par le lac
Titicaca. J'omets les noms des autres villes considérables,
qui, malgré leur importance, n'ont aucun intérêt pour
nous autres Européens, à 3000 lieues de distance.

La Bolivie peut communiquer avec l'Europe par deux
de ses frontières, c'est-à-dire par son rivage de l'Océan
Pacifique ou la mer du Sud, et par les rivières navigables
qui descendent des environs de la Paz dans le fleuve des
Amazones, à l'Océan Atlantique, dans l'immense canal
entre l'Afrique et l'Amérique.

Sur le rivage de la mer du Sud, il y a la ville de Cobija,
par le 22-16 latitude australe, 72-32 longitude occidentale
de Greenwich. C'est le seul port maritime de la république, dont la plus grande partie du territoire est au centre
de l'Amérique, en descendant du versant occidental des
Cordillères. Le sol qui descend du versant oriental à la mer
du Sud, est resserré entre la république actuelle du Pérou
et celle du Chili.

« Il serait difficile, dit M. d'Orbigny, d'imaginer un
» aspect plus triste, plus aride que celui de cette baie ou-
» verte au vent du sud et abritée du vent du nord, dans
» laquelle est situé Puerto de la Mar ou Cobija. » Cependant l'ancrage, selon le même M. d'Orbigny, est excel-
lent, les navires n'y ont rien à craindre. J'ajouterai que
la liberté commerciale, bien comprise par le gouvernement bolivien, y attire tous les pavillons d'Europe, et que
la prospérité y est tellement croissante, qu'on assure que
cette place rivalise de plus en plus chaque jour, avec Val-

paraiso, premier grand port d'arrivage d'Europe au delà du cap Horn.

Cobija a été fondée, par ordre du gouvernement bolivien, en 1825.

. Mais pour le transport des métaux et des riches productions du règne animal et du règne végétal, tels que le quinquina, les laines, etc., etc., et d'autres marchandises provenant de la Bolivie, et pour les retours ou l'arrivage des objets de nos fabriques belges, tels que nos aunages, nos fers bruts ou fabriqués, nos zincs et nos autres richesses industrielles, comme nos ameublements d'appartements, etc., etc., il y a une route plus courte et moins pénible. En la considérant d'après nos départs d'Europe, elle consiste à débarquer près des quatre Guyanes, qui sont Cayenne ou la Guyane française, appelée sous Louis XIV et Louis XV la France équinoxiale, Surinam ou la Guyane hollandaise, dont la prospérité s'accroît annuellement; Essequebo ou la Guyane anglaise, cédée en 1814 par les Hollandais aux Anglais, et enfin la Guyane brésilienne ou portugaise, à l'embouchure du fleuve des Amazones, dans laquelle se trouve la grande ville de Para, qui est pourvue, dit-on, de tous les avantages de la civilisation raffinée de l'Europe.

Après le cabotage aux colonies florissantes de ces quatre nations, on peut remonter par la vapeur le large canal du fleuve des Amazones et de deux de ses plus grands affluents, le Purus et la Madera, qui sortent de la Bolivie. La Madera, premier affluent, se jette dans l'Amazone 50 lieues en aval du Purus, vers le 12e degré de latitude australe et vers le 65e de longitude de Greenwich. La Madera reçoit fort loin avant son confluent dans l'Amazone, le Beni, autre large courant hydrographique, tellement considérable, qu'il a 800 brasses de largeur à son confluent dans la Madera; ses rives sont couvertes de *pueblos* ou villages indigènes jusqu'au pied des Cordillères, non loin de la grande ville de la Paz.

Il y en a une carte, levée d'après les observations de MM. Hæncke, Peutland, Parish et d'Orbigny; elle est annexée à l'ouvrage de M. Hæncke, né autrichien, et qui fut au service d'Espagne. Il était compagnon du célèbre navigateur Malaspina.

La Madera, avec une grande partie du Beni, son affluent, est plus large que le Rhin : c'est une espèce de mer intérieure, depuis son confluent jusqu'à celui du fleuve des Amazones, autre espèce de mer intérieure, dans la plus vaste plaine du globe terrestre.

Le Purus est un autre large courant fluvial, mais comme il est plus occidental que la Madera, nous n'en ferons aucune mention.

Indépendamment d'autres rivières, dit le texte de M. De la Croix, pag. 534, « il y a d'autres cours d'eau qui ne
» sont pas dessinés sur les cartes anciennes du Pérou,
» mais que M. d'Orbigny a découverts et qui se trouvent
» sur sa carte de la Bolivie, si habilement représentée et
» gravée par M. Bouffai. Toutes ces grandes artères,
» ajoute M. De la Croix, forment un réseau de voies na-
» turelles de communications, qui n'a peut-être pas son
» analogue dans les autres contrées du monde entier. La
» direction de quelques-unes de ces rivières a même donné
» lieu au projet formulé par M. De Humboldt, d'établir
» une jonction entre les deux Océans à travers le Pérou. »

Cette jonction est ensuite décrite dans de grands détails; il en résulterait, selon l'opinion de M. De Humboldt, que l'on pourrait transporter les marchandises depuis la côte atlantique américaine la plus voisine de l'Europe sous l'équateur, par le fleuve des Amazones, ses affluents et de là au passage des Cordillères jusqu'à la mer du Sud, en six semaines, « tandis qu'il faut (ce sont les expressions de » M. De Humboldt) un trajet de quatre mois pour le même » arrivage, en doublant le cap Horn » (*Essai politique sur la nouvelle Espagne*, t. I, p. 258, éd. 1825). De combien cette route de six semaines ne serait-elle pas plus prompte par la vapeur ? Des trois quarts du temps très-certainement.

Il nous reste à dire quelques mots sur le fleuve des Amazones, qui est le roi des eaux fluviales du globe terrestre.

Qu'il me soit permis, Messieurs, de citer les vers de Delille, qui fut également savant en histoire naturelle, en géographie et en archéologie :

> Montrez-nous l'Orénoque et l'immense Amazone,
> Qui, fiers enfants des monts, nobles rivaux des mers,
> Et baignant la moitié de ce vaste univers,
> Épuisent, pour former les trésors de leurs ondes,
> Les plus vastes sommets qui dominent le monde;
> Près de qui, l'Apennin n'est qu'un humble coteau,
> Nos forêts des buissons, le Danube un ruisseau.

Parlons de la découverte du fleuve des Amazones, après la conquête du Pérou, au XVIe siècle. Orellana, un des compagnons de Gonzalès Pizarre, partit de Quito au mois de février 1541. Il était accompagné de cinquante Espagnols seulement; arrivés à l'un des affluents de l'Amazone, ils se servirent, comme je l'ai dit ci-dessus, des fers de leurs chevaux morts, ils forgèrent les clous nécessaires à la confection d'une embarcation : ils descendirent ces mers intérieures dans l'espace de sept mois, et ils arrivèrent heureusement sur le rivage de l'Océan atlantique, après une

navigation de 1500 lieues. « Après une suite de dan-
» gers et de détresses, dit Robertson (III, 379), qu'ils
» surmontèrent avec un courage étonnant et qu'ils suppor-
» tèrent avec la même fermeté d'âme, ils arrivèrent dans
» l'Océan. » Si les exploits herculéens, ou qu'on peut appe-
ler en quelque sorte mythologiques, de Cortès et de Pizarre
étonnent l'imagination, par la conquête de deux empires,
le voyage d'Orellana est également merveilleux. Comparez
ce voyage avec la retraite des dix mille, et jugez combien
les modernes sont supérieurs aux anciens. Herrera, his-
torien espagnol de l'Amérique, a publié le journal de
son itinéraire. Le cours presque tout entier de la rivière
des Amazones a été déterminé plus tard hydrographique-
ment par le père Fritz, missionnaire, en 1690 ; sa carte fut
imprimée au Pérou en 1707. Mais la relation faite par La
Condamine, il y a précisément un siècle, en 1745, est la
plus exacte, la seule dont on doive même se servir, parce
qu'elle est basée sur des observations astronomiques et
barométriques. Les détails s'en trouvent dans le recueil de
l'académie des sciences.

Orellana, dit Robertson (III, 579), accomplit ce voyage
en sept mois par ambition, La Condamine en quatre mois
par amour de la science.

La Condamine est parti de Quito, presque sous la ligne,
après un séjour de plusieurs années au Pérou, qui avait
pour objet la mesure d'une partie de l'arc du méridien, et
par ordre du cardinal de Fleury, alors premier ministre,
comme je l'ai dit ci-dessus. Après avoir descendu les affluents de l'Amazone, il parcourut le fleuve presque tout
entier, jusqu'à son embouchure, dans l'espace de 1500
lieues, il reconnut entre autres le Purus et la Madera ; il fait
connaître le Beni, affluent de la Madera. Il a constaté que la

marée de l'Océan Atlantique, remonte le fleuve des Amazones jusqu'à Pauxis, c'est-à-dire, à plus de 6 degrés de longitude, presque sous l'Équateur, pendant plus de 200 lieues à l'intérieur des terres.

Là pente, sur cette longue direction, n'est que de 10 pieds et demi : on ne pourrait le croire, si ce n'était démontré par un savant aussi exact, et d'après des observations dont il donne les calculs. (V. p. 152, éd. de Maestricht). C'est une plaine immense, comme nous l'avons dit. De Pauxis jusqu'a Madera, la direction tourne vers le sud-ouest, sur une espèce de diagonale dont la base est de 3 degrés de longitude entre tropique.

La largeur du fleuve dans son plus grand éloignement de la mer, est longtemps la même que celle du Bas-Danube, qui est de plus d'une lieue, et les plus profondes embarcations peuvent y naviguer en toute sûreté, les sondages ont été faits par La Condamine; la profondeur du fleuve est quelquefois considérable.

Sa relation sur l'hydrographie de l'Amérique centrale a été complétée par MM. De Humboldt, Hæncke, Peutland, d'Orbigny et d'autres savants.

Je termine par quelques indications sur les efforts des Français et des Espagnols pour utiliser le fleuve des Amazones au bénéfice de l'industrie européenne, sous les ministères successifs de Richelieu, de Mazarin et surtout de Colbert. De sages mesures furent prises pour coloniser les Antilles françaises, ainsi que l'établissement de Cayenne, qui fut décoré du nom pompeux de France équinoxiale, de même que le Canada, était appelé la Nouvelle-France. Le degré de prospérité de la Martinique, de la Guadeloupe et surtout de St-Domingue au XVIIIe siècle, fut au delà de tout espoir, c'était l'ornement du Nouveau-Monde et l'orgueil de la France. Cayenne était stationnaire; pendant les guerres de la première coalition, elle étendit sa juridiction jusque sur l'Amazone; mais par le traité de Paris, en 1814, la France dut renoncer à ses projets sur le roi des fleuves.

Parlons des Espagnols. Le roi d'Espagne, Philippe II, avait confié à Orellana une expédition pour remonter le fleuve, mais en arrivant d'Europe aux Antilles, tous ceux qui la composaient moururent de la fièvre jaune; pendant la réunion du Portugal, de 1580 à 1640, le roi Philippe IV forma un autre projet de communiquer par ce fleuve depuis l'Océan Atlantique jusqu'à l'Océan Pacifique, en évitant la navigation du cap Horn , de même que plus tard Riquet de Caraman , en Languedoc, réunit les deux mers pour éviter le détroit de Gibraltar.

Il y a sur ce projet espagnol de la navigation de l'Amazone, un gros volume in-folio, publié en 1684, par le R. P. Rodriguez, procureur-général de la compagnie de Jésus, pour les provinces des Indes, intitulé : *El Marañon y Amazonas.* C'est l'histoire détaillée de la découverte et de l'administration des contrées amazones. On y trouve (pag. 424 et suiv.) un mémoire présenté en 1644 , au roi Philippe IV, par le père Christobal d'Acuña, de la même compagnie, qui expose les avantages immenses que la religion, les finances, la puissance royale et le commerce de la péninsule espagnole, retireront de la colonisation des rives amazones, depuis Para, colonie portugaise, fondée à l'embouchure du fleuve en 1615 , jusqu'au territoire péruvien de l'audience de Quito. La révolution qui venait d'éclater à Lisbonne, en faveur de la maison de Bragance, fit ajourner l'exécution de ce projet, parce que la Guyane rentrait sous la domination portugaise.